Una canasta de cumpleaños para Tía

Pat Mora
ilustrado por **Cecily Lang**

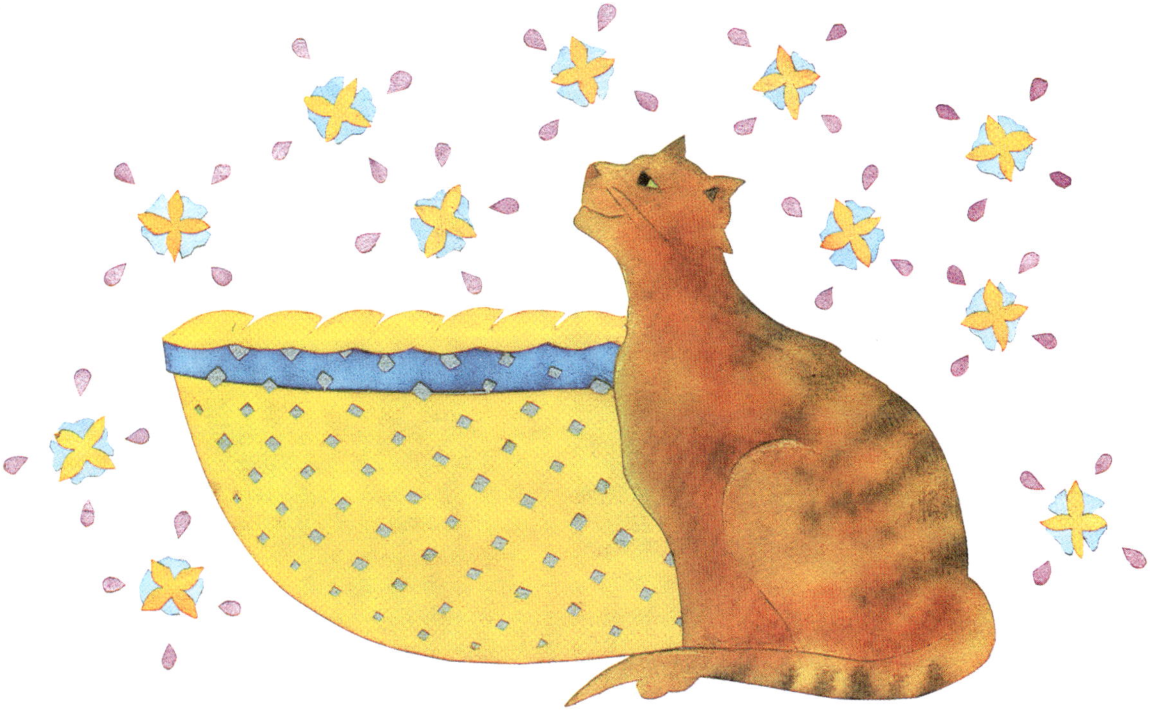

McGraw Hill Education

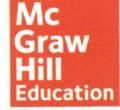

mhreadingwonders.com

Text copyright ©1992 by Pat Mora.
Illustrations copyright ©1992 by Cecily Lang.

Reprinted by arrangement with Aladdin Paperbacks,
an imprint of Simon & Schuster Children's Publishing Division.
All rights reserved.

No part of this publication may be reproduced
or distributed in any form or by any means,
or stored in a database or retrieval system, without the
prior written consent of McGraw-Hill Education,
including, but not limited to, network storage or
transmission, or broadcast for distance learning.

Send all inquiries to:
McGraw-Hill Education
Two Penn Plaza
New York, New York NY 10121

ISBN: 978-0-07-901364-4
MHID: 0-07-901364-3

Printed in China

2 3 4 5 6 DSS 26 25 24 23 22

A la memoria de mi tía, Ygnacia Delgado,
y para todas las tías y tía abuelas que
nos sorprenden con su cariño.
                              P.M.

Para Eric, con un agradecimiento especial
para Uri y Paula.
                              C.L.

Hoy es día de secretos. Abrazo a mi gatita y le digo:
—Ssshh, Chica. ¿Puedes guardar nuestro secreto, gatita chistosa?

Hoy es un día especial. Mi tía abuela cumple noventa años. Diez, veinte, treinta, cuarenta, cincuenta, sesenta, setenta, ochenta, noventa años. ¡Mi tía tiene noventa años!

Durante el desayuno, Mamá me pregunta: —¿Qué día es hoy, Cecilia? Le digo: —Un día especial. Día de cumpleaños.

Mamá está cocinando para la fiesta de sorpresa. Huelo frijoles burbujeando en la estufa. Mamá está cortando fruta: piña, sandía, mangos. Me siento en el patio de atrás y me pongo a mirar a Chica cazando mariposas. Oigo a las abejas bzzzz.

Hago dibujos en la arena con un palo. Hago un dibujo de mi tía. Le digo a mi gatita: —Chica, ¿qué le podemos regalar a Tía?

Chica y yo damos vueltas por el patio de delante y por el patio de atrás buscando un regalo bonito. Caminamos por la casa. Buscamos en el cuarto de Mamá. Miramos en el gabinete y en los cajones.

Le digo a la gatita: —Chica, ¿le damos a Tía mis pequeñas macetas, mi alcancía, mis pececitos de lata, mi títere bailarín?

Le digo a mi mamá: —¿Podemos usar esta canasta, Chica y yo? —¿Para qué, Cecilia? —me pregunta Mamá. —Es una sorpresa para la fiesta de sorpresa —le contesto.

Chica salta adentro de la canasta. —No —le digo—. No es para ti, gatita chistosa. Es la canasta de cumpleaños para Tía.

Pongo un libro en la canasta. Cuando Tía viene a casa, siempre me lee un libro. Este es nuestro libro favorito. Me siento cerca de ella en el sofá. Huelo su perfume. A veces Chica quiere leer con nosotras. Se sienta en el libro. Le digo: —Gatita chistosa. Los libros no son para sentarse encima.

Pongo el cuenco favorito de Tía sobre el libro en la canasta. A Tía y a mí nos gusta hacer bizcochos para la familia. Tía me dice: —Cecilia, ayúdame a preparar la masa de las galletitas. Después me dice: —Cecilia, ayúdame a extender la masa de las galletitas. Cuando sacamos las galletitas calientes del horno, Tía me dice: —Cecilia, eres una cocinera excelente.

Pongo la macetita en el cuenco sobre el libro en la canasta. A Tía y a mí nos gusta sembrar flores en la ventana de la cocina. A Chica le gusta poner su cara en las flores. —Gatita chistosa —le digo.

Pongo una taza en la macetita que está en el cuenco sobre el libro en la canasta. Cuando estoy enferma, mi tía me hace té de hierbabuena. Me lo trae a la cama. También me trae una galletita.

Pongo una pelotita roja en la taza que está en el cuenco sobre el libro en la canasta. En días calurosos, salimos afuera y Tía me tira la pelota.

Me dice: —Cecilia, cuando yo era niña en México, mis hermanas y yo jugábamos a la pelota. Usábamos vestidos largos y teníamos trenzas largas.

Chica y yo salimos afuera. Recojo flores para decorar la canasta de Tía. En los días de verano, cuando me columpio alto, alto hasta el cielo, Tía corta flores para mi cuarto.

Mamá llama: —Cecilia, ¿dónde estás?

Chica y yo corremos y escondemos nuestra sorpresa.

Le digo: —Mamá, ¿puedes encontrar la canasta de cumpleaños para Tía?

Mamá busca debajo de la mesa. Busca en el refrigerador. Busca debajo de mi cama. Mamá pregunta: —Chica, ¿dónde está la canasta de cumpleaños?

Chica se frota contra la puerta de mi gabinete. Mamá y yo nos reímos. Le enseño mi sorpresa.

Después de mi siesta, mamá y yo llenamos la piñata con dulces. Llenamos la sala de globos. Tarareo una cancioncita como la que Tía tararea cuando pone la mesa o tiende mi cama. Le ayudo a mamá a poner la mesa con flores y pastelitos.

—Ya llegan los músicos —dice mamá. Abro la puerta. Nuestra familia y amigos empiezan a llegar también.

Tomo a chica entre mis brazos. Luego mamá dice: —Sshh, ahí viene Tía.

Corro a abrir la puerta. —¡Tía!, ¡Tía! —grito. Me da un abrazo y dice:

—Cecilia, ¿qué pasa?, ¿qué es esto?

—¡SORPRESA! —gritamos todos—. ¡Feliz cumpleaños!
Los músicos empiezan a tocar las guitarras y los violines.

—Tía, Tía —le digo—. ¡Es un día especial, día de cumpleaños!
¡Hoy cumples noventa años y esta es tu fiesta de sorpresa!
Tía y yo nos reímos.

Le doy la canasta de cumpleaños. Todos se acercan para ver lo que hay adentro. Lentamente, Tía huele las flores. Me mira y sonríe. Luego saca la pelotita de la taza y la taza de la macetita.

Hace como si estuviera bebiendo un traguito de té y todos nos reímos.

Con cuidado, Tía saca la macetita del cuenco y aparta el cuenco de sobre el libro. No dice ni una palabra. Se detiene un momento y me mira. Luego saca de la canasta nuestro libro favorito.

Y, ¿quién crees que salta adentro de la canasta?

Chica. Y todos nos reímos.

Luego la música empieza y Tía me da una sorpresa a mí. Toma mis manos entre las suyas y, sin bastón, empieza a bailar conmigo.